Armin Täubner

Weihnachtliche LUFTPOST

Fensterbilder mit Weihnachtsmann und Teddy

frechverlag

Von Armin Täubner sind im frechverlag weitere winterliche Bücher erschienen. Hier eine Auswahl:

TOPP 2526

TOPP 2525

TOPP 2528

TOPP 2373

TOPP 2243

TOPP 2372

Fotos: frechverlag GmbH + Co. Druck KG, 70499 Stuttgart;
Fotostudio Täubner

Dieses Buch enthält:
2 Vorlagenbogen

Auflage: 5. 4. 3. 2. | Letzte Zahlen
Jahr: 2003 2002 2001 2000 1999 | maßgebend

frechverlag GmbH + Co. Druck KG, 70499 Stuttgart

ISBN 3-7724-2527-5 · Best.-Nr. 2527

Druck: frechverlag GmbH + Co. Druck KG, 70499 Stuttgart

Das Dasein des Weihnachtsmanns ist schon ganz schön anstrengend. Alle Hände voll zu tun hat der liebenswerte, bärtige Mann zur Advents- und Weihnachtszeit. Da müssen Puppenhäuser gebastelt und Geschenksäcke gepackt werden und schließlich warten schon alle Kinder gespannt auf den Besuch des Weihnachtsmanns. Und weil es schnell gehen muss, tritt dieser die Bescherungsreise heutzutage nicht nur zu Fuß oder mit dem Schlitten an, sondern setzt sich auch schon mal selbst an das Steuer eines Hubschraubers.

Wenn der Weihnachtsmann aber Teddy als Gesellen hat, dann geht es lustig und abwechslungsreich zu. Nicht nur Arbeit, auch viel Freizeitspaß ist angesagt: So musizieren die beiden zusammen, laufen Ski und rodeln. Nach so vielen sportlichen Aktivitäten dürfen natürlich auch ausgiebige Ruhepausen nicht fehlen.

Mithilfe der Vorlagen in Originalgröße können Groß und Klein die Fensterbilder mit Weihnachtsmann und Teddy mühelos nacharbeiten. Und wer weiß, vielleicht landen die beiden Freunde ja auch bei Ihnen bald mit dem Hubschrauber am Fenster …

Arbeitsschritte

1. Pausen Sie die Motivteile mit Bleistift nebeneinander auf Transparentpapier (Architektenpapier) ab.
Anschließend kleben Sie das Transparentpapier auf einen dünnen Karton.

2. Nun schneiden Sie die Motivteile mit der Schere und dem Cutter aus. Achten Sie dabei auf eine geeignete Schneideunterlage. Die ausgeschnittenen Teile sind Ihre Schablonen.

3. Legen Sie die Schablonen auf den farbigen Tonkarton und ziehen Sie die Umrisse mit Bleistift nach.
Manche Motivteile werden auch mehrfach benötigt.

4.+5. Jetzt können Sie die einzelnen Teile ausschneiden und zusammenkleben. Orientieren Sie sich dabei am Bild und am Vorlagenbogen. Als Augen eignen sich weiße und schwarze Klebepunkte (ø 8, 12 und 18 mm). Die Augen wirken lebendiger, wenn Sie mit einem weißen Lackstift Lichtreflexe aufmalen.

Als Bärennase können Sie ebenfalls einen schwarzen Klebepunkt (ø 18 mm) verwenden und die überstehenden Ränder abschneiden.

Der Mund wird mit einem schwarzen Filzstift aufgemalt.

Verschiedene Details werden mit dem Fenstermalstift von Hobbidee® direkt auf die Scheibe gemalt.

Der Kopf des Weihnachtsmanns

Der Kopf des Weihnachtsmanns wird stets nach demselben Schema zusammengeklebt: Legen Sie das hautfarbene Kopfteil (durchgezogene Linie) in die passende Aussparung am roten Mantel-Kapuzenteil (durchgezogene Linie). Darauf kleben Sie das weiße Haar-Bartteil (gestrichelte Linie), als Nächstes den Schnurrbart sowie den weißen Pelzbesatz der Kapuze (gepunktete Linien). Jetzt wird das Klebepunktauge angebracht und evtl. mit einem schwarzen Filzstift ein Wangengrübchen aufgemalt.

Fröhliche Musikanten

Weihnachtsmann:
(Kopf: vgl. Arbeitsschritte S. 5)
Ergänzend dazu schieben Sie noch das halbkreisförmige, rote Mundteil teilweise unter den Schnurrbart.

Am Mantel werden der weiße Saum, die Tasche samt Inhalt (Lebkuchenstern und Deko-Teddy aus bemaltem Holz) und die Stiefel angebracht.
Für die Trommel schneiden Sie eine gelbe und eine weiße Kartonscheibe (Radius 8 cm bzw. 6,8 cm) aus und kleben dann die weiße auf die gelbe. Die Trommel kleben Sie an Bart und Mantel fest. Das längere der beiden schwarzen Bänder verläuft vom Rücken bis zur Trommel. Das zweite Band befestigen Sie von hinten am Bart und oben an der Trommel. Nun fehlt nur noch der Ärmel samt Trommelschlägel.

Teddy:

Kleben Sie den roten Kapuzenmantel (gestrichelte Linie) auf den Bärenrumpf (durchgezogene Linie). Nun werden Ohr, Ärmel und Mantelsäume angebracht. Das Blasinstrument wird an Schnauze und Tatze befestigt. Die weißen Säume können Sie zusätzlich mit aufgeklebten Holzsternen verzieren.

Landschaft und Noten:

Weißer und feiner, schwarzer Fenstermalstift

MOTIVHÖHE
Weihnachtsmann ca. 47 cm
Teddy ca. 25 cm

Weihnachtsmann als Hubschrauberpilot

MOTIVHÖHE ca. 50 cm

Hubschrauber:
Bringen Sie am Grundgerüst die beiden Propeller an. Mit einem schwarzen Filzstift werden Bewegungslinien aufgemalt. So entsteht der Eindruck, dass die Propeller rotieren. Als letztes kleben Sie die Räder und das Pedal an sowie rote und schwarze Klebepunkte (ø 8, 12 und 18 mm).

Weihnachtsmann:
(Kopf: vgl. Arbeitsschritte S. 5)
Befestigen Sie am Mantel Saum und Stiefel, bevor Sie den Weihnachtsmann in den Hubschrauber setzen. Der Ärmel wird so angeklebt, dass der Steuerknüppel hinter dem Handschuh liegt.

Teddy:
(vgl. Arbeitsschritte S. 4 und 5)
Setzen Sie Teddy hinter den Weihnachtsmann in den Hubschrauber.

Hintergrund:
Weißer und feiner, schwarzer Fenstermalstift

Fleißige Handwerker

Weihnachtsmann:
(Kopf: vgl. Arbeitsschritte S. 5)
Befestigen Sie am Mantel Saum, Stiefel und Manteltasche. Ein Ärmel wird von vorne, der zweite von hinten am Mantel angeklebt.

Teddy:
(vgl. Arbeitsschritte S. 4 und 5)

MOTIVHÖHE
ca. 45 cm

Teddy ruht sich aus

Wagen:
Auf die beiden schwarzen Räder kleben Sie zuerst die roten Kartonscheiben und dann die schwarzen Klebepunkte (ø 12 mm). Die Räder werden von vorne am roten Oberteil des Wagens (gestrichelte Linie) befestigt. Nun können Sie die Deichsel mit dem runden Griff (schwarzer Klebepunkt, ø 12 mm) anbringen.

Sack:
Der Sack wird mit einem Stoffflicken versehen. Die Nähte und Falten malen Sie mit einem schwarzen Filzstift auf. Binden Sie den Sack mit einem roten Wollfaden oder einer Kordel zu. An den Fadenenden können kleine Deko-Figuren befestigt werden.

Teddy:
Teddy wird in den Wagen gesetzt, indem der Körper von hinten am Wagen befestigt wird. Kleben Sie, ebenfalls von hinten, leicht versetzt das zweite Bein an. Ein Arm wird von vorne, der zweite, der die Kerze hält, von hinten am Rumpf angebracht.

MOTIVHÖHE
ca. 25 cm

Der blaue Streifen wird mit dem Fenstermalstift von Hobbidee® direkt auf die Scheibe gemalt.

Gute Freunde

Zaun:

Der Pfosten und die beiden Schneeflächen werden jeweils doppelt ausgeschnitten. Der waagrechte Balken, der die beiden Pfosten miteinander verbindet, wird auf insgesamt 48 cm verlängert. Die Nägel sind schwarze Klebepunkte (ø 12 mm).

MOTIVHÖHE ca. 42 cm

Weihnachtsmann:

(Kopf: vgl. Arbeitsschritte S. 5)

Am Mantel werden Ärmel und Säume befestigt, dann kann der Weihnachtsmann auf dem Zaun Platz nehmen. Kleben Sie von hinten die Stiefel an.

Teddy:

(vgl. Arbeitsschritte S. 4 und 5)

Teddy bekommt eine dreiteilige Pudelmütze aus Regenbogen-Fotokarton. Dann kann er zum Weihnachtsmann auf den Zaun gesetzt werden.

Landschaft:

Weißer Fenstermalstift

Weihnachtsmann fährt Skilift

Weihnachtsmann:
(Kopf: vgl. Arbeitsschritte S. 5)
Der Ärmel des Weihnachtsmanns wird unter den Bart geschoben. Kleben Sie als Nächstes die Stiefel samt Bindungen auf die Skier und befestigen Sie die Stiefel und den weißen Saum am Mantel. Jetzt wird der Handschuh samt Bügel an den Ärmel geklebt und schon kann der Weihnachtsmann sich auf den Liftbügel setzen. Die Skistöcke bringen Sie auf der Rückseite an. Als Liftseil kleben Sie eine Kordel oder ein geflochtenes Band an den Bügel.

Landschaft:
Weißer Fenstermalstift

MOTIVHÖHE (ohne Schnur) ca. 43 cm

Flotter Weihnachtsmann

Weihnachtsmann:
Am Mantel wird zuerst der Ärmel angebracht, dann befestigen Sie die weißen Säume. Skier, Skistöcke und Stiefel werden jeweils doppelt benötigt. Kleben Sie die Stiefel auf die Skier. Erst dann werden die Stiefel versetzt von hinten am Mantel befestigt.
Abschließend kleben Sie die Skistöcke an.

Landschaft:
Weißer Fenstermalstift

MOTIVHÖHE
ca. 42 cm

Armin Täubner
Weihnachtliche Luftpost
Best.-Nr. 2527
Windowcolor-Vorlagen

VORLAGEN FÜR WINDOWCOLOR – beliebig vergrößerbar

VORLAGEN FÜR WINDOWCOLOR – beliebig vergrößerbar

Armin Täubner
Weihnachtliche Luftpost
Best.-Nr. 2527
Windowcolor-Vorlagen

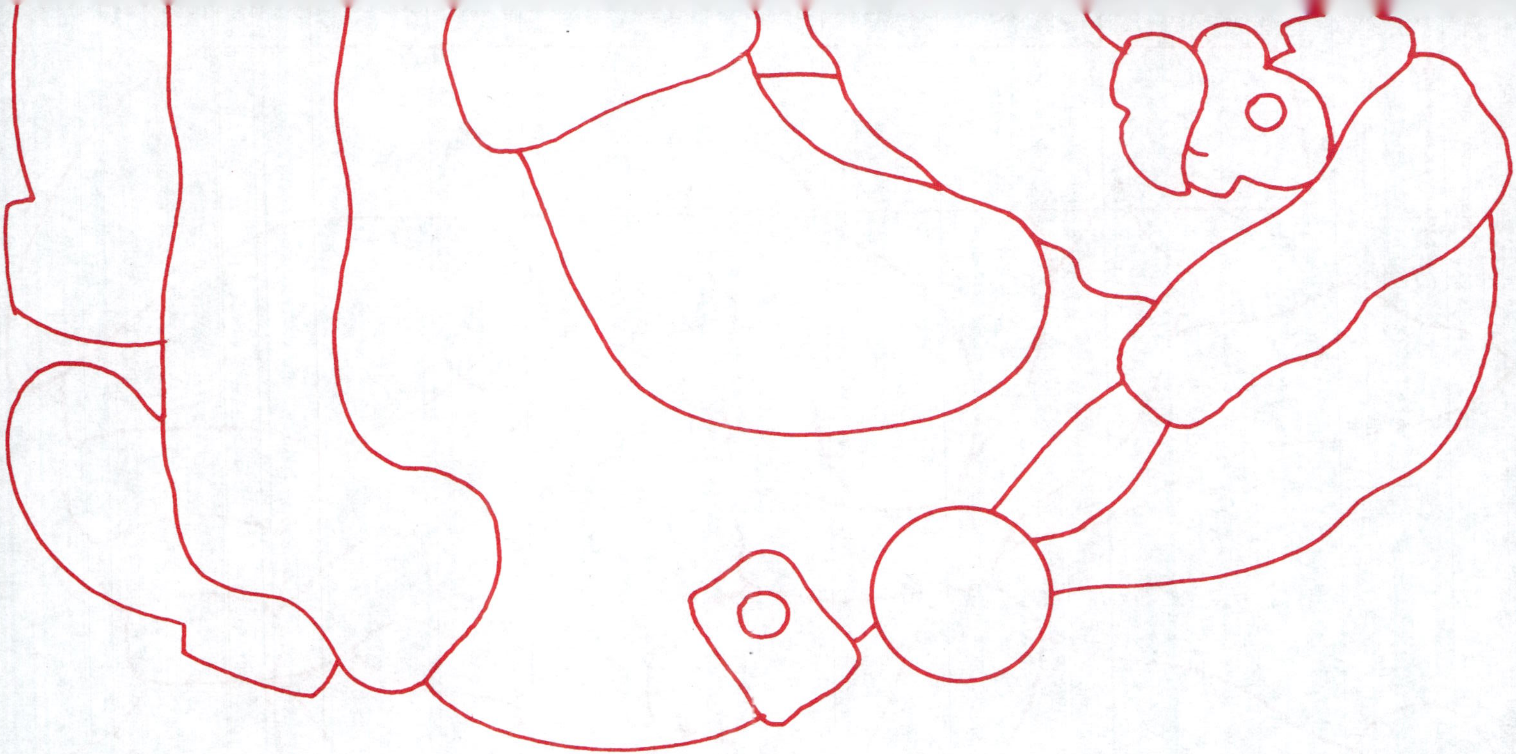

© frechverlag Stuttgart
Armin Täubner
Weihnachtliche Luftpost
Best.-Nr. 2527
Windowcolor-Vorlagen

VORLAGEN FÜR WINDOWCOLOR – beliebig vergrößerbar

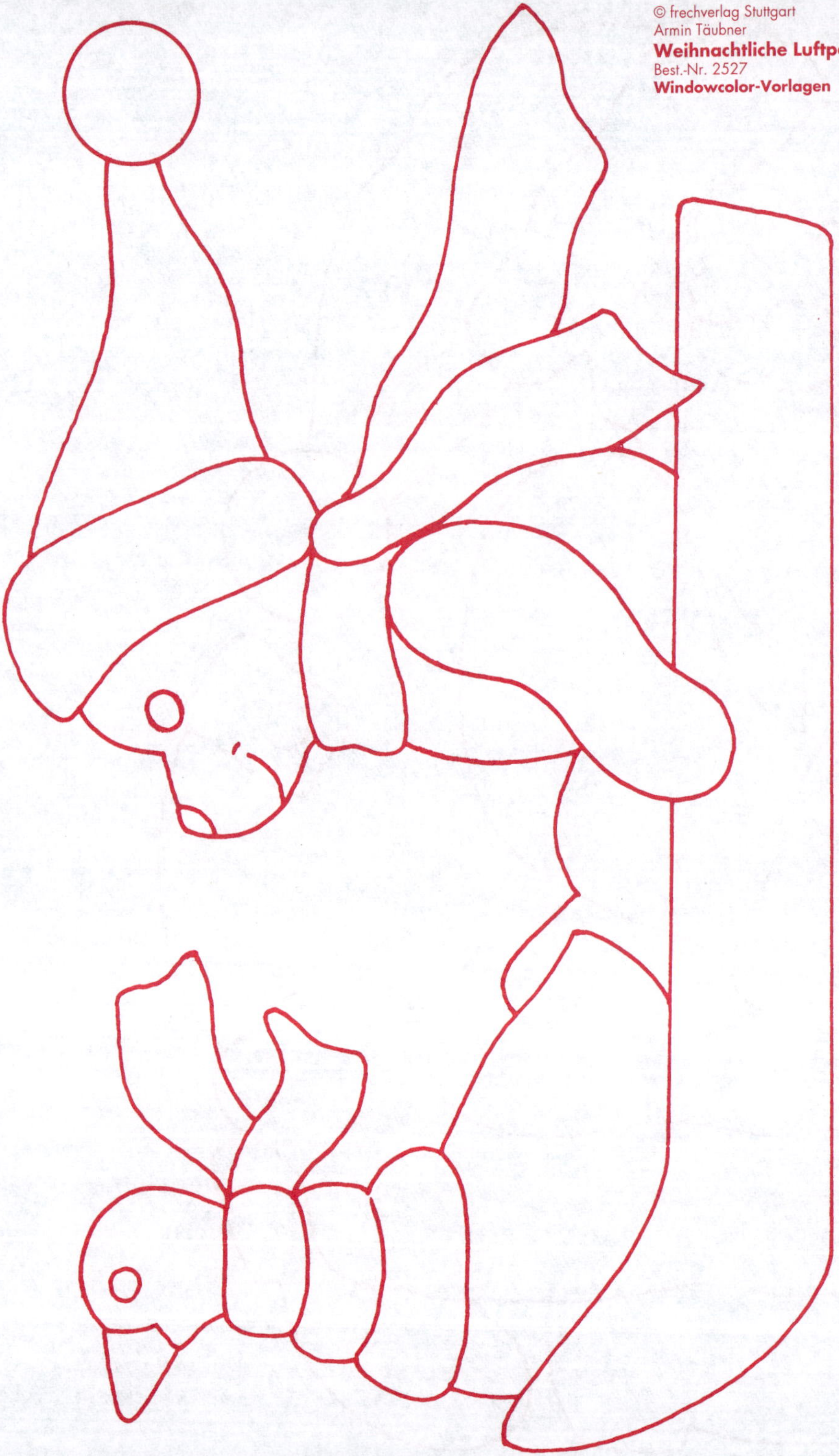

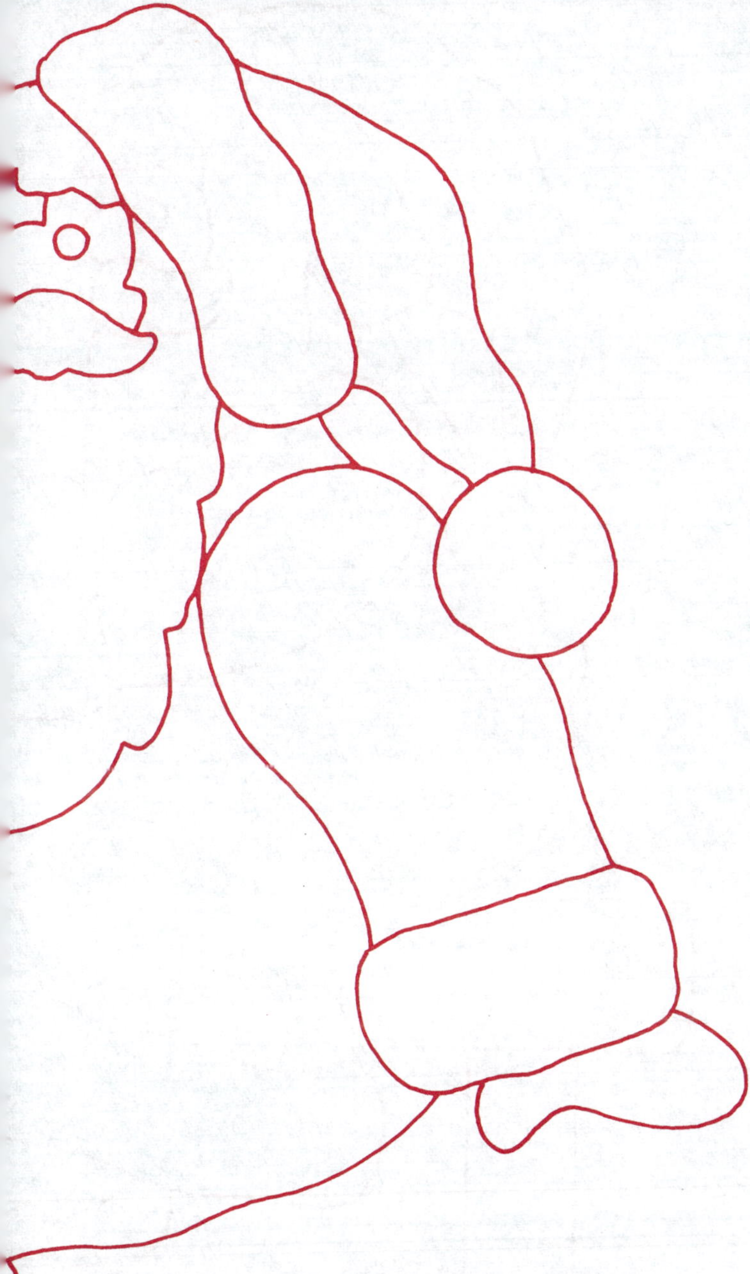

VORLAGEN FÜR WINDOWCOLOR – beliebig vergrößerbar

Armin Täubner
Weihnachtliche Luftpost
Best.-Nr. 2527
Windowcolor-Vorlagen

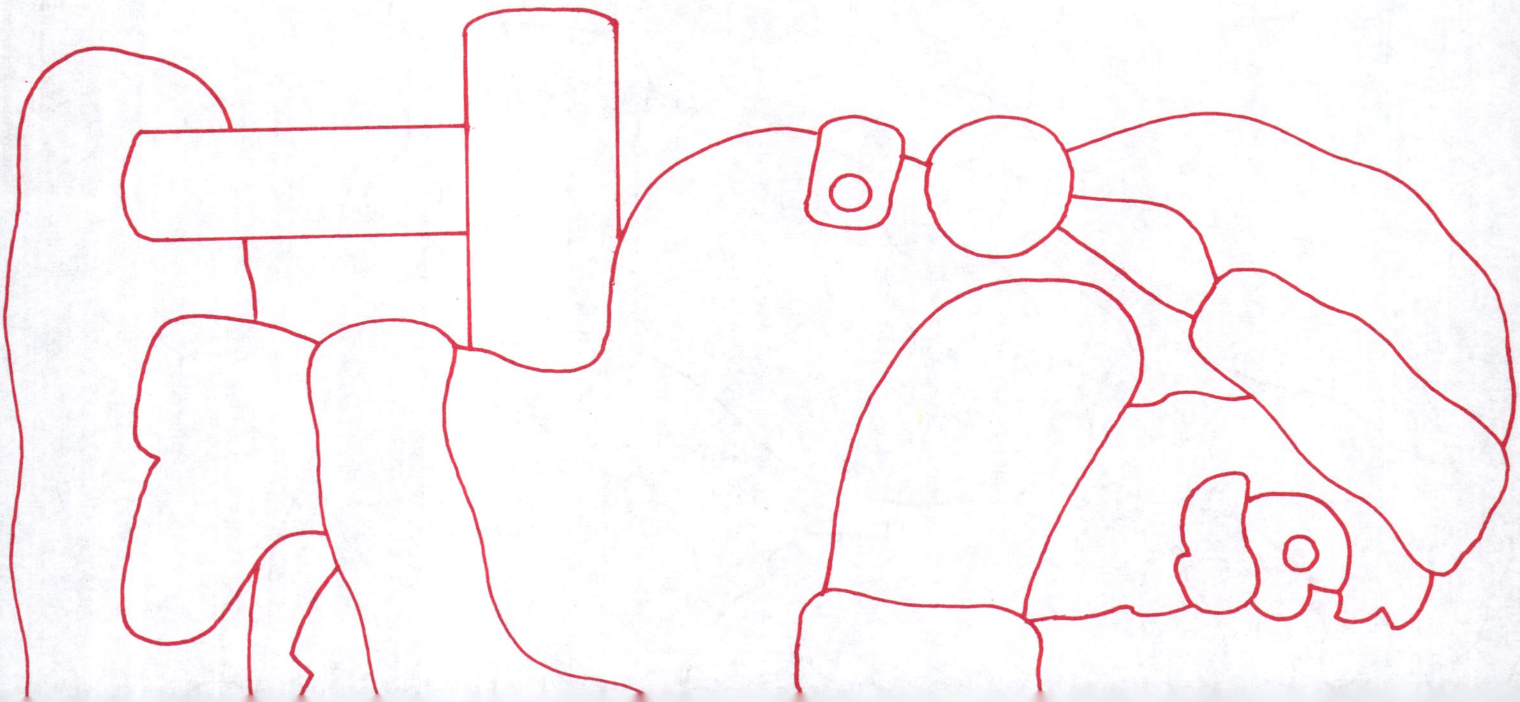

VORLAGEN FÜR WINDOWCOLOR – beliebig vergrößerbar

Armin Täubner
Weihnachtliche Luftpost
Best.-Nr. 2527
Windowcolor-Vorlagen

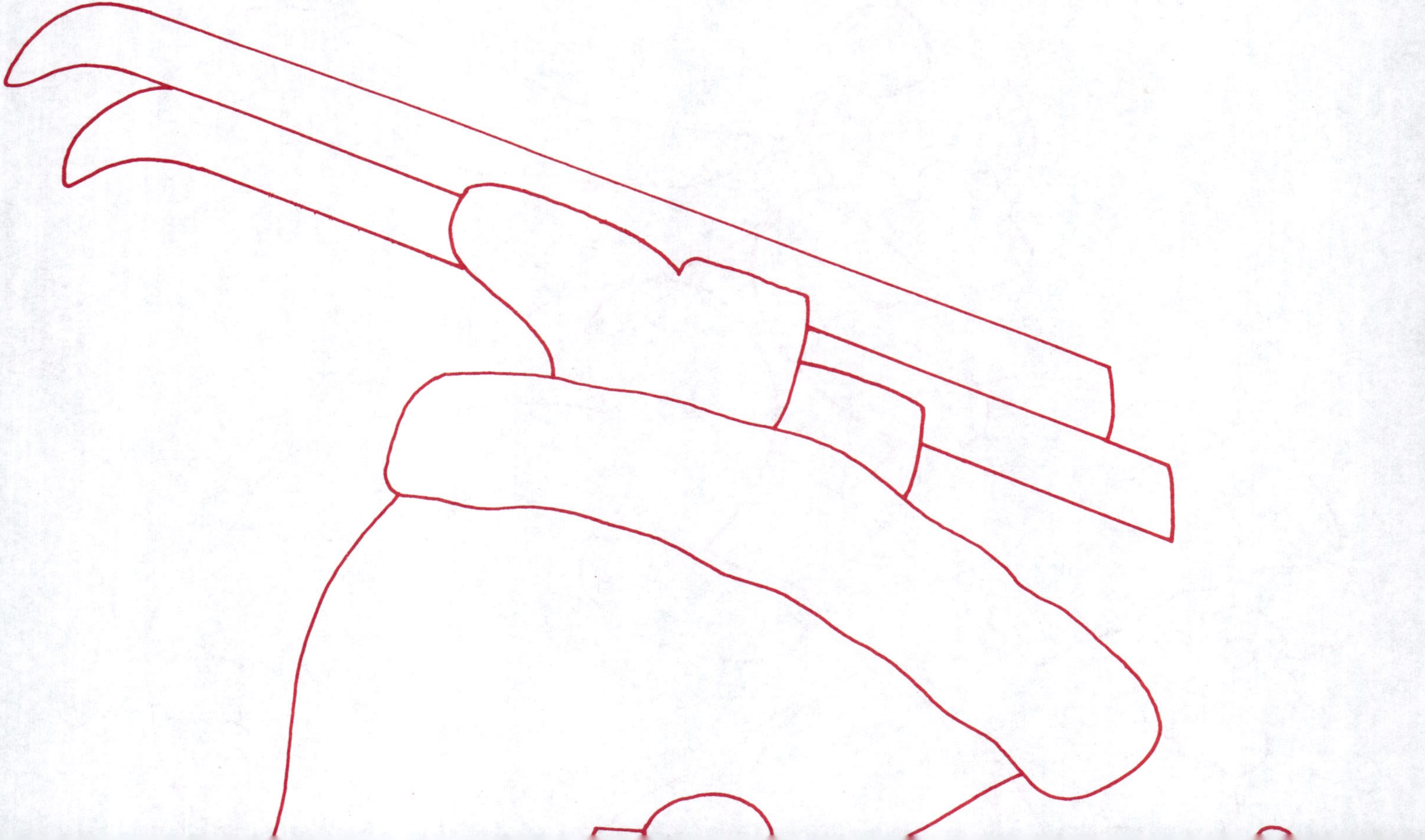

Armin Täubner
Weihnachtliche Luftpost
Best.-Nr. 2527
Windowcolor-Vorlagen

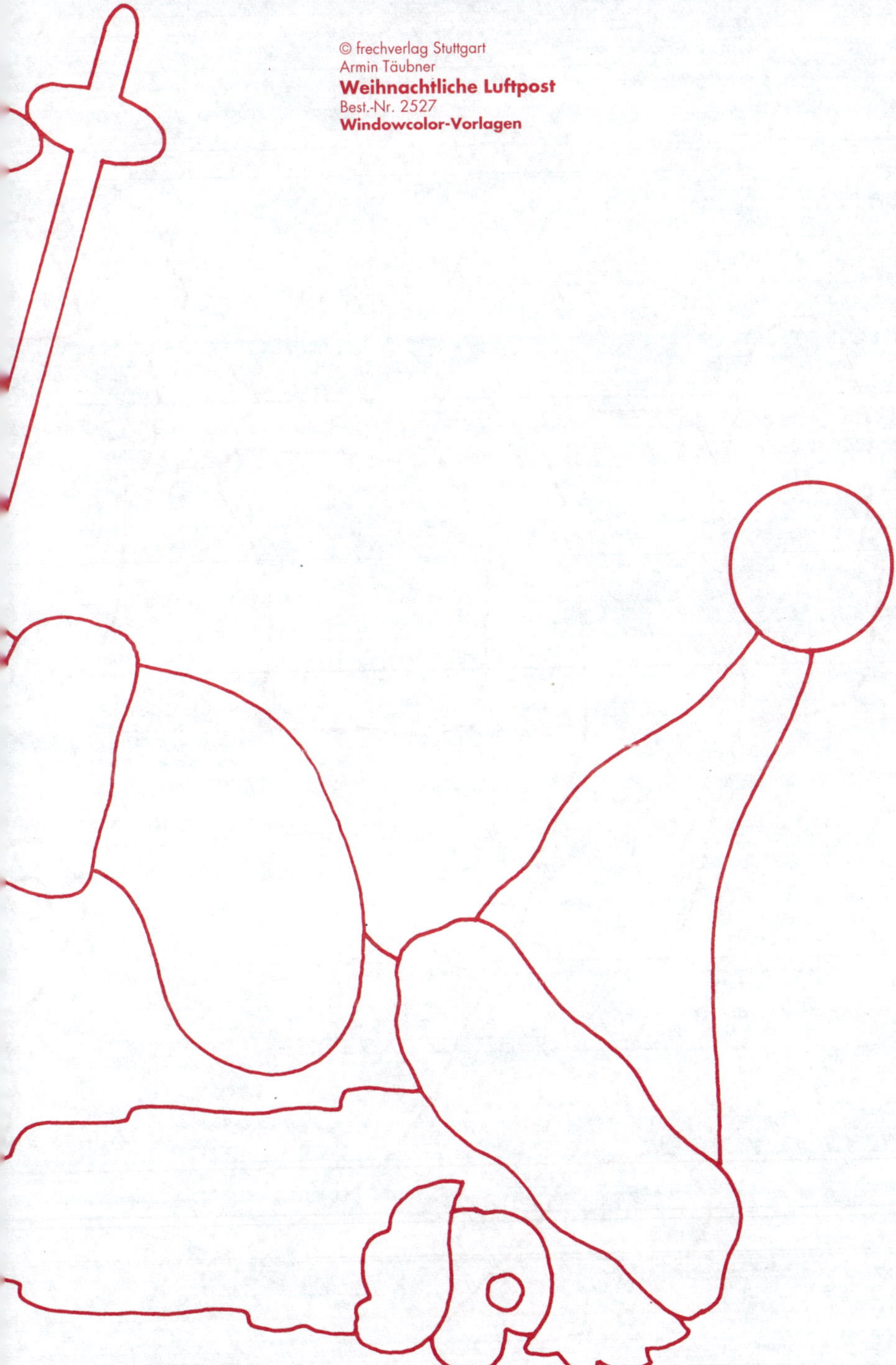

VORLAGEN FÜR WINDOWCOLOR – beliebig vergrößerbar

VORLAGEN FÜR WINDOWCOLOR – beliebig vergrößerbar

frechverlag Stuttgart
min Täubner
eihnachtliche Luftpost
st.-Nr. 2527
indowcolor-Vorlagen

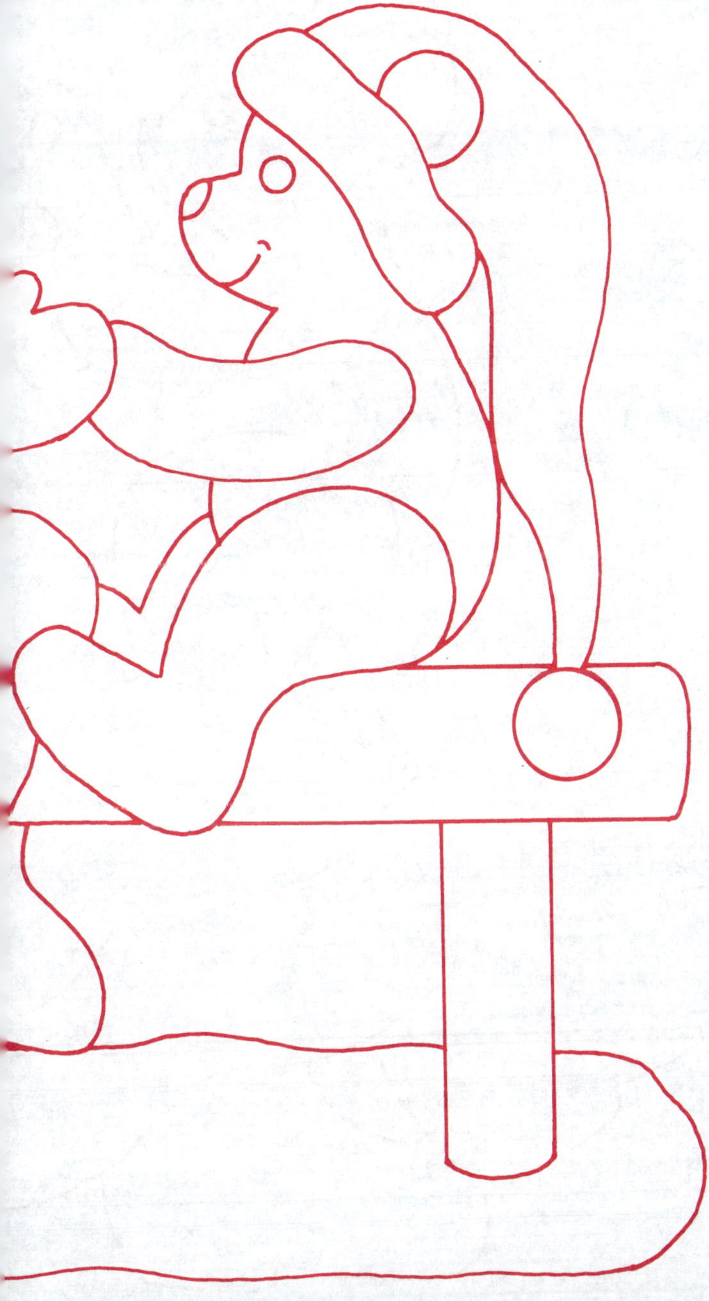

VORLAGEN FÜR WINDOWCOLOR – beliebig vergrößerbar

VORLAGEN FÜR WINDOWCOLOR – beliebig vergrößerbar

Armin Täubner
Weihnachtliche Luftpost
Best.-Nr. 2527
Windowcolor-Vorlagen

VORLAGEN FÜR WINDOWCOLOR – beliebig vergrößerbar

Teddy lernt Skilaufen

Teddy:
(vgl. Arbeitsschritte S. 4 und 5)
Setzen Sie Teddy die rote Mütze auf. Das Ohr befestigen Sie an der Mütze. Zwei schwarze Filzstiftlinien grenzen die Beine vom Rumpf ab. Nun werden die Skier von hinten an den Füßen befestigt. Von vorne bringen Sie die Bindungen an. Erst jetzt werden die Skistöcke und der Arm angeklebt.

Eichhörnchen:
Befestigen Sie die weiße Brustfläche (gestrichelte Linie) und das Ohr am Körper des Eichhörnchens. Anschließend werden Auge und Nase aufgemalt. Den Arm befestigen Sie so, dass das Auge noch ein wenig zwischen den Fingern sichtbar ist.
Setzen Sie das ängstliche Eichhörnchen auf Teddys Mütze.

Landschaft:
Weißer Fenstermalstift

MOTIVHÖHE
ca. 33 cm

Waldweihnacht

Teddy:

(vgl. Arbeitsschritte S. 4 und 5)
Zuerst wird der zweiteilige Schal aus Regenbogen-Fotokarton angelegt. Es folgen die Mütze, das Ohr und schließlich die Gliedmaßen.

Tannenbaum:

Kerze, Flamme und Halter werden siebenmal ausgeschnitten, zusammengeklebt und die Dochte aufgemalt. Auf dem Tannenbaum bringen Sie zuerst die Schneeflächen an, dann fixieren Sie sechs der brennenden Kerzen. Die beiden Vögel werden aus Regenbogen-Fotokarton gearbeitet.

Eichhörnchen:
Das Eichhörnchen erhält eine weiße Brustfläche (gestrichelte Linie) und eine gleichfarbige Ohrinnenfläche. Das Gesicht des Eichhörnchens zeichnen Sie mit schwarzem Filzstift auf. Zum Schluss wird das Ärmchen, das die siebte Kerze hält, befestigt.

MOTIVHÖHE
ca. 30 cm

Teddy auf dem Schaukelpferd

Schaukelpferd:
Zuerst wird das Schaukelpferd gesattelt, dann werden Mähne, Schwanz und Halfter angebracht. Für das Auge und die Nüster verwenden Sie schwarze Klebepunkte (ø 18 mm), der Mund wird mit einem schwarzen Filzstift aufgemalt. Auf Sattel und Halfter können Sie mit einem Lackstift noch weiße Punkte auftupfen.

Teddy:
(vgl. Arbeitsschritte S. 4 und 5)
Setzen Sie Teddy beim Zusammenkleben auf das Schaukelpferd.

Noten:
Feiner, schwarzer Fenstermalstift

MOTIVHÖHE
ca. 34 cm

Ist dein Bart echt?

Weihnachtsmann:

(Kopf: vgl. Arbeitsschritte S. 5) Bringen Sie den Ärmel, die weißen Säume und die Stiefel am Mantel an.

Sack:

Am Sack werden die beiden Flicken und der Tannenzweig befestigt. Dann stanzen Sie mit einer Lochzange Löcher in den oberen Sackrand und ziehen einen Wollfaden oder eine Kordel durch. Die Enden werden verknotet.

Zusätzlich können Sie kleine Deko-Motive aus Holz mit farblich passenden Fäden an die Kordel oder den Wollfaden hängen. Die Schleife an Teddys Hals wird aus einem 1 cm breiten Stoffband gearbeitet.

Weihnachtsmann und Sack werden am Handschuh und am Mantelsaum zusammengeklebt. Befestigen Sie Teddy so von hinten am Sack, dass er mit seiner Tatze den Weihnachtsmann am Bart festhält.

MOTIVHÖHE ca. 34 cm

Jetzt gibt's leckeren Lebkuchen

MOTIVHÖHE
ca. 34 cm

Weihnachtsmann:

(Kopf: vgl. Arbeitsschritte S. 5)
Am Mantel bringen Sie den Ärmel an. Dann werden die weißen Mantelsäume angeklebt. Der Stiefel wird zweimal benötigt und von hinten am Mantelsaum befestigt.

Teddy:

(vgl. Arbeitsschritte S. 4 und 5)
Setzen Sie Teddy auf das Knie des Weihnachtsmanns und befestigen Sie den angebissenen Lebkuchen zwischen Teddys Tatzen.

Landschaft:

Weißer Fenstermalstift
Zuerst wird ein etwa 2 cm breiter, leicht gewellter Streifen an die Scheibe gemalt. Strukturieren Sie den Streifen mit kurzen, senkrechten Strichen.

Teddys Weihnachtsbaum-Express

Teddy:

(vgl. Arbeitsschritte S. 4 und 5)
Setzen Sie Teddy die rote Mütze auf. Dann kann er auf dem Schlitten Platz nehmen. Jetzt wird die Tanne und zum Schluss der Arm angeklebt.

Landschaft:

Weißer Fenstermalstift
Die Schlittenbahn wird mit weißem Fenstermalstift flächig aufgemalt und dann mit leicht schrägen, kurzen Strichen strukturiert. Tupfen Sie noch Schneeflocken auf.

MOTIVHÖHE
ca. 34 cm

Fröhliche Rodelpartie

MOTIVHÖHE ca. 19 cm

Teddys Mütze und der Schal der Gans werden aus Regenbogen-Fotokarton gearbeitet.

Gans:
Kleben Sie der Gans Schnabel und Schal an. Das Gesicht wird mit einem schwarzen Filzstift aufgemalt. Dann kann die Gans im Bob Platz nehmen.

Teddy:
(vgl. Arbeitsschritte S. 4 und 5)
Teddy wird zuerst der zweiteilige Schal umgebunden. Dann erhält er die dreiteilige Mütze und wird hinter die Gans gesetzt. Erst zum Schluss wird sein Arm angeklebt.

Landschaft:
Weißer Fenstermalstift

Huckepack zur Bescherung

Abbildung Seite 29

MOTIVHÖHE ca. 50 cm

Weihnachtsmann:
(Kopf: vgl. Arbeitsschritte S. 5)
Am Mantel werden der Saum und die Stiefel angebracht. Dann kleben Sie den Sack und den Ärmel an. In die Manteltasche können Sie kleine, flache Deko-Artikel stecken (z.B. einen Teddy und einen Stern aus bunt bemaltem Holz).

Teddy:
(vgl. Arbeitsschritte S. 4 und 5)
Setzen Sie Teddy auf den Geschenkesack.

Landschaft:
Weißer Fenstermalstift
Zunächst färben Sie den unteren Teil der Fensterscheibe mit waagrechten Linien grob ein. Anschließend strukturieren Sie die Schneefläche mit kurzen, waagrechten Strichen. Tupfen Sie Schneeflocken rund um das Motiv auf die restliche Fensterfläche.

Besuch am Futterhäuschen

Abbildung Seite 32

Teddy:
(vgl. Arbeitsschritte S. 4 und 5)
Bevor die jeweils doppelt ausgeschnittenen Arme und Beine am Rumpf befestigt werden, erhält Teddy seinen zweiteiligen Schal.

Vogelhäuschen:
Auf das braune Häuschen (Strich-Punkt-Linie) kleben Sie das rote Dach (durchgezogene Linie) und darauf die Schneefläche. Der Pfosten (30 cm x 3 cm) wird von hinten am Vogelhäuschen befestigt. Kleben Sie die Tannenzweige an den Pfosten und binden Sie zusätzlich noch einen braunen Wollfaden um Pfosten und Zweige.

Vögel:
Sie bestehen jeweils aus zwei Teilen. Malen Sie die Schnäbel mit einem Filzstift schwarz an. Auch die Augen werden mit schwarzem Filzstift aufgemalt, oder Sie verwenden weiße Klebepunkte (ø 8 mm) und malen die Pupillen auf.

Landschaft:
Weißer Fenstermalstift
Die Bodenfläche wird aus waagrechten Strichen aufgebaut und dann mit kurzen, ebenfalls waagrechten Strichen strukturiert. Die Schneeflocken tupfen Sie einfach auf.

Wohlverdientes Nickerchen

Kleben Sie die beiden Flicken auf den Sack. Dann binden Sie ihn mit einem Wollfaden zu und stellen ihn auf den Schlitten.

Weihnachtsmann:

(Kopf: vgl. Arbeitsschritte S. 5)
Am Mantel wird der weiße Saum angebracht. Von hinten befestigen Sie die beiden Stiefel, bevor Sie den Weihnachtsmann auf den Schlitten legen. Der Ärmel wird nur an der Schulter des Mantels befestigt, damit Teddy noch darunter geschoben werden kann.

Landschaft und Hintergrund:

Weißer Fenstermalstift
Die Schneefläche besteht aus vielen kurzen, leicht schrägen Strichen.

MOTIVHÖHE
ca. 32 cm

Besuch am Futterhäuschen

Beschreibung Seite 28